TALMA STUDIOS

ARTCHITECTURE
SOURCE OF INSPIRATION

– *Competition For the Two Palaces of the Champs-Elysées / Concours pour les deux Palais des Champs-Élysées*

– *400 Documents of Sculpted Decoration / de décoration sculptée*
  (vol. 1 & 2)

Talma Studios
60, rue Alexandre-Dumas
75011 Paris – France
www.talmastudios.com
info@talmastudios.com

ISBN : 979-10-96132-09-6
EAN : 9791096132096

© All rights reserved

400 DOCUMENTS OF SCULPTED DECORATION

❄ vol. 1 ❄

400 DOCUMENTS DE DÉCORATION SCULPTÉE

Summary		**Sommaire**
	Page	
Allegory	5	Allégorie
Blazon	13	Blason
Candelabra	21	Candélabre
Caryatides	29	Cariatide
Capital	37	Chapiteau
Chimney	45	Cheminée
Crest	61	Crête
Knots	69	Entrelacs
Stairs	77	Escalier
Window	85	Fenêtre
Baptismal Font	93	Fonts baptismaux

ALLÉGORIE DE L'ARCHITECTURE
COMPOSITION DE COCHIN
GRAVÉ PAR CHARPENTIER

BLASON

MATERIAUX — BLAZON — WAPPEN — DOCUMENTS

SUITE des FIGURES NATURELLES.
Les Animaux, les Plantes, les Astres etc. (Voir 93ᵉ Livraison Page 8.)

Le Léopard montre toujours la tête de face.
Il est presque toujours Passant. (Lorsqu'il est rampant, on le dit : Lionné.)
Il doit toujours avoir le floquet de la queue tourné en dehors.
Toute exception à ces trois règles qui servent à le distinguer à première vue du Lion, doit être signalée en énonçant.
On le trouve aussi Couronné, Armé, Lampassé, Morné, Diffamé etc. etc.

LE LÉOPARD. est passant.

Le CHEVAL Passant et gai. (Gai : ni brides ni licou.)

CHEVAL Cabré ou Effrayé et gai.

Cheval posé, bridé et sellé à la moderne. On le trouve aussi caparaçonné à l'antique.

Le CERF Il est Passant.

TÊTE de CERF. On doit indiquer le nombre des cors lorsqu'il y en a moins de 13.

Le SANGLIER est toujours Passant et de sable. Il peut être armé de défenses d'or ou d'argent.

Le LOUP est généralement de Sable et passant. Lorsqu'il est rampant, on le dit : Ravissant.

Le BŒUF est passant, Furieux, en son Repos, etc. Une touffe de poils entre les cornes sert à le distinguer de la Vache. Ils sont Clarinés lorsqu'ils ont une clochette au cou.

L'OURS est Passant ou en Pied, c'est-à-dire debout. Généralement de sable ou d'argent.

MATERIAUX — BLAZON — **BLASON** — WAPPEN — DOCUMENTS

SUITE DES FIGURES NATURELLES

LE BÉLIER est sautant ou Rampant. Le MOUTON est passant, c'est ce qui le distingue du bélier.

LA CHÈVRE et le BOUC sont Passants. Quand le bouc est rampant on le dit Saillant.

Le CHIEN ou LEVRIER Il est courant en bande; (On ne dit pas: rampant.)

Le CHAT est souvent passant. Ainsi que le Léopard, tête toujours de face.

L'ÉCUREUIL rampant. Il peut être debout et passant.

LE LIÈVRE est Courant en bande. (On ne dit pas rampant)

Trois LIÈVRES, trois Oreilles et cependant deux Oreilles par Lièvre

L'ÉLEPHANT. Il est toujours Passant; il peut être armé de défenses et onglé.

ÉLEPHANT Chargé d'une tour crénelée de 4 pièces et deux archers décochant à dextre et à senestre.

LE SERPENT, GUIVRE ou VIVRE se mordant la queue.

SERPENT doublement noué.

SERPENT en Caducée.

Voir le SERPENT Tortillant 93ᵉ Livraison page 1 fig 7ᵐ (Armes des ducs de Milan)

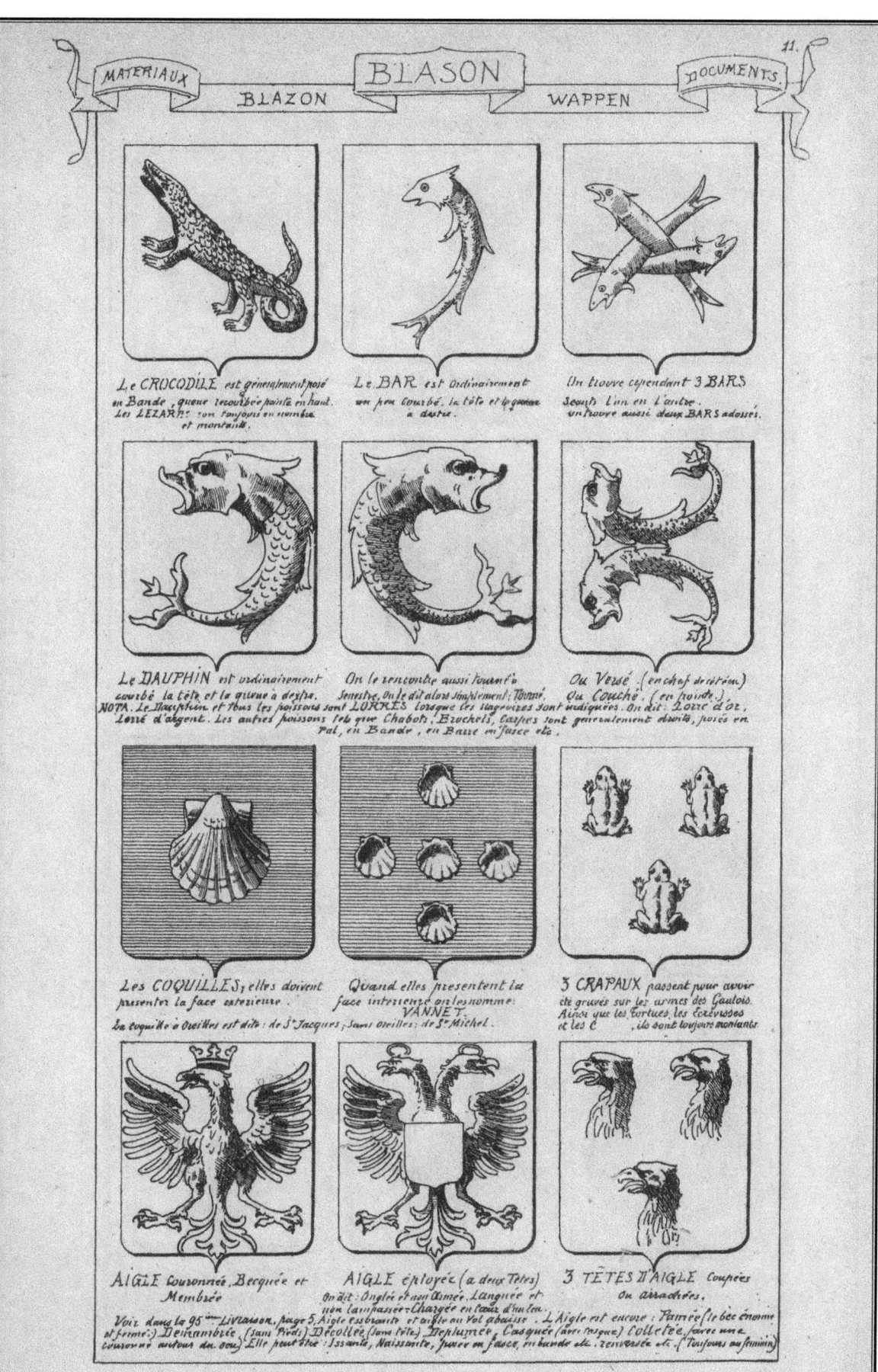

MATERIAUX — BLAZON — BLASON — WAPPEN — DOCUMENTS

12.

SUITE DES FIGURES NATURELLES.

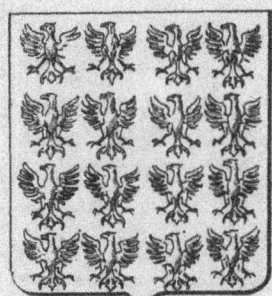

AIGLETTES, sont toujours en nombre et au vol éployé, elles peuvent, comme l'aigle, être membrées, becquées, onglées etc. etc.

ALÉRIONS, sont toujours en nombre; ni becs, ni pieds peuvent être au vol abaissé.

MERLETTES. Toujours en nombre. ni becs ni pieds mais elles se présentent toujours de profil.

Le COQ, peut être barbé, crêté et membré de tout émail. Le bec ouvert, il est chantant.

Le PAON est Rouant.

Le PHÉNIX est presque toujours d'argent; les flammes sont de Gueules. autrement dit : au naturel.

= Tous les autres oiseaux subissent à peu près les mêmes règles : Perroquets, Cygnes, Faisans, Hérons, Hiboux, etc.

Le PAPILLON est volant et montant, il peut être muraillé, marqueté et ombré.

Les ABEILLES sont généralement d'or et montantes. Pas toujours volantes.

Les MOUCHES sont G^{lement} de Sable, montantes, volantes et en nombre.

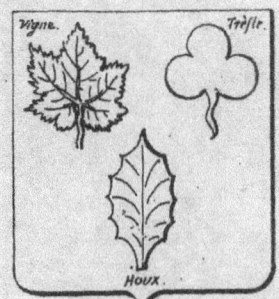
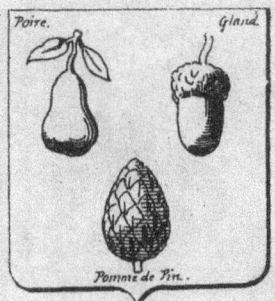

LAURIER arraché on voit les racines. Les Arbres sont G^{ent} de sinople, mais peut varier. Les arbres particuliers sont: le Chêne, le Sapin, etc.

Les FEUILLES, en nombre. Le Trèfle doit toujours avoir une queue sinon il devient Tiercefeuille.

Les FRUITS, en nombre. On doit indiquer s'ils sont tigés et feuillés. On leur applique tous les émaux.

BLASON

MATERIAUX — BLAZON — **DOCUMENTS** — WAPPEN

SUITE des FIGURES NATURELLES

La ROSE peut être de tout émail Boutonnée quand le cœur et la fleur sont d'émaux différents. Peut être tigée et feuillée.

TIERCEFEUILLE sans tige, sinon il devient trèfle. QUINTEFEUILLE sans tige.

ŒILLETS au naturel (Fleurs de Gueules, enveloppe de Sinople).

Nota. On peut mettre couleur sur couleur sans être taxé de fausseté si les objets sont au Naturel, c'est-à-dire, avec leur couleur réelle, mais il faut le déclarer en énonçant. Ainsi : d'azur à 3 œillets de gueules, enveloppe de Sinople s'énonce : œillets au naturel. Voir la note de la fin de la page 5. Livraison 93ème.

d'azur à trois FLEURS de LIS d'or. (Armes de France.)
Ce Blason est si connu qu'on n'en énonce jamais le contenu. On dit : De France.

Écartelé de France au 1er et au 4e Quartier, et d'or au Dauphin d'azur au 2e et en 3e. (armes du Dauphin fils aîné de France.)

De France Brisé d'une Bordure de Gueules. (armes du second fils de France.)
Les Familles royales peuvent mettre les Brisures couleur sur couleur sans être en fausseté.

De France, brisé d'un Lambel d'argent en chef. (Branche cadette, ducs d'Orléans)

D'argent à 3 Fleurs de Lis de Gueules au pied nourri, perdu ou Coupé.

De Gueules à 3 Fleurs de Lis d'argent contrepointées en fasce et posées en Perle.

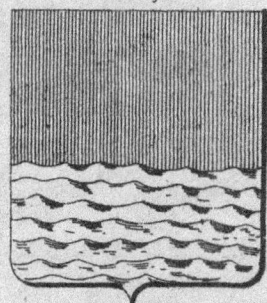
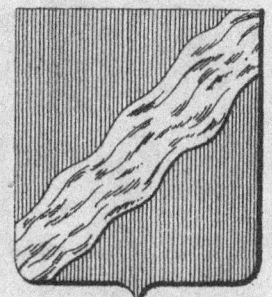

D'Argent à une Fleur de Lis Épanouie. (armes de Florence)

De Gueules coupé sur une MER d'argent ondoyée d'azur.

De Gueules à une RIVIÈRE d'argent coulant en barre.

Nota. On dit qu'un écu est SEMÉ de Fleurs de lis, d'alérions, d'Abeilles etc. lorsque le nombre de ces objets dépasse seize et que quelques uns d'entre eux se perdent dans les bords et la pointe de l'écu.

MATÉRIAUX — BLASON — DOCUMENTS
BLAZON — WAPPEN

SUITE DE FIGURES NATURELLES.

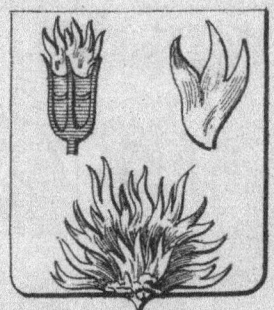

Le FEU. 1° Fallot d'azur allumé de Gueules.
2° Flamme isolée à 3 pointes.
3° Feu en pointe de l'écu.

LE SOLEIL.
Il peut être levant à dextre ou à senestre.

SOLEIL Rayonnant.
(Il faut l'énoncer.)

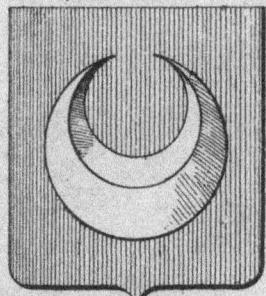

La LUNE n'est jamais représentée en son plein : Toujours en croissant.
(On ne dit pas : Croissant montant car c'est sa position naturelle.)

CROISSANT renversé en chef.
_Croissant ascendant à dextre.
_Une LUNE en decroissance à Senestre.
(On ne dit pas : Croissant en decroissant)

LA COMÈTE.
Son étoile doit toujours être à Huit pointes.

Les ÉTOILES sont à 5 pointes. Quand les pointes sont plus nombreuses on doit l'énoncer. Jamais plus de 16 pointes. Elles peuvent être couronnées.

Une TÊTE au col de Pucelle au naturel, chevelée d'or.

Demi-HOMME qui de la main dextre se plonge une épée dans la poitrine.

D'argent à 3 Têtes de Mores pourpres tortillées du champ (c'est-à-dire d'argent.)

3 JAMBES armées et éperonnées, jointes par les cuisses au cœur de l'écu.

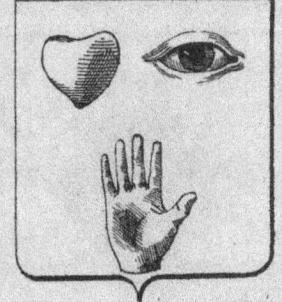

UN CŒUR canton dextre. Un ŒIL canton senestre. Une MAIN dextre apaumée en pointe. (Apaumée indique le dedans de la main.)

FIN DES FIGURES NATURELLES.

BLASON

MATERIAUX — BLAZON — WAPPEN — DOCUMENTS

3ᵉ Les FIGURES ARTIFICIELLES
qui représentent des OBJETS exécutés par la MAIN de L'HOMME.

Les CROIX. Celles de Savoie et de St André sont les seules qui puissent figurer dans les Pièces Honorables ou de 1ᵉʳ ordre. Voir les deux dernières figures de la page 3 — Livrais⁵ 93ᵉ.

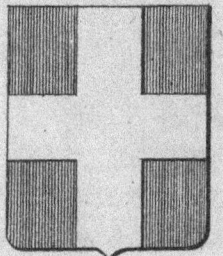
CROIX SIMPLE ou de SAVOIE.
De Gueules à la croix d'argent.

CROIX PATTÉE.
D'argent à la croix pattée d'azur.

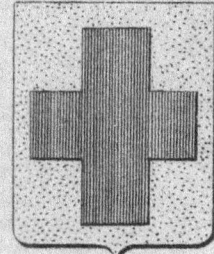
CROIX ALAISÉE.
D'or à la croix alaisée de Gueules.

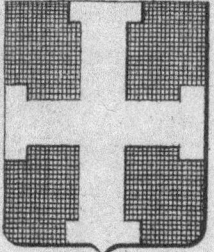
CROIX POTENCÉE.
De Sable à la croix Potencée d'argent.

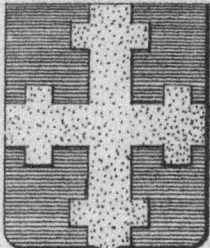
CROIX RECROISETTÉE.
D'Azur à la croix Recroisettée d'or.

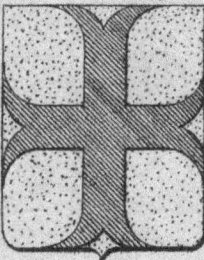
CROIX ANCRÉE.
D'or à la croix Ancrée de Sinople.

CROIX RECERCELÉE.
D'Argent à la croix Recercelée de Sable.

TREFLÉE ou de St LAZARE.
Parti Sinople et sable à la croix treflée d'argent. (BOURG.ain)

CROIX au PIED-FICHÉ.
D'Argent à la Croix au Pied-fiché d'Azur.

CROIX POMMETÉE.
De Gueules à la Croix Pommetée d'argent.

CROIX PERRONNÉE.
D'or à la Croix Perronnée de Gueules.

TAF ou CROIX de St ANTOINE.
D'Azur au Taf d'Argent.

CROIX FLEURDELISÉE.

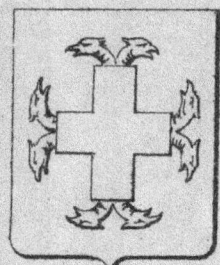
CROIX GRINGOLÉE.

CROIX de LORRAINE ou PATRIARCALE.

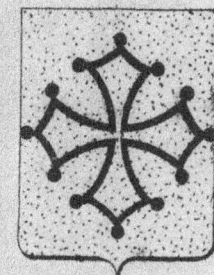
CROIX CLÉCHÉE.

BLASON

SUITE DES FIGURES ARTIFICIELLES

Quand le navire est frété et voilé on doit l'indiquer en énonçant. Dans les armes de la ville de Paris (93ᵉ Livrais. page 1. fig.ᵉ première.) on trouve : De Gueules au navire frété et voilé d'argent voguant sur les ondes de même, au chef de France. C'est-à-dire d'azur semé de fleurs de lis d'or.

Corps de NAVIRE arrêté.

Dans les PONTS on doit indiquer le nombre des arches.
Les CHATEAUX surmontés de tourelles sont dits : Sommés.

TOUR ajourée (les ouvertures) et crenelée de 2 portes et 2 demi-portes. Surmontée de tourelles elle est Donjonnée.

On dit Maçonné, lorsque les joints sont d'un émail différent

BONNET pointu, d'azur, en profil, fourré d'Hermine et Sommé de trois plumes.

Une MANCHE mal-taillée de Gueules.

Trois CLEFS d'argent, passées l'une dans l'autre et posées en Perle.

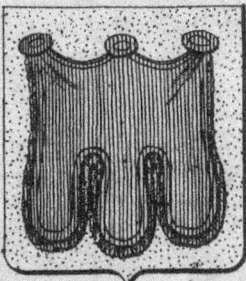  

D'Or au GONFANON de Gueules, frangé de même.

HUCHET ou COR de CHASSE Enguiché (l'embouchure) Virolé, (le pavillon) et lié en Sautoir

D'azur à une HARPE d'or cordée de même. (Armes de l'Irlande)

Deux HALLEBARDES de Gueules posées en Pal.

D'azur à un ÉTENDARD d'or, mis en bande, chargé d'un aigle de sable.

D'azur à une ÉPÉE d'argent en Pal, soutenant une couronne d'or acostée de 2 fleurs-de-lis de même. (Armes de Jeanne d'Arc)

La Suite Prochainement.

CANDELABRES en BRONZE avec SILÈNES.

Trouvés à POMPEI.

CANDÉLABRE APPLIQUE
en Bronze doré. XVIII.ᵉ Siècle.

Musée d'ART INDUSTRIEL
à MILAN.

TIRÉ de la Maison ROYALE à GÊNES

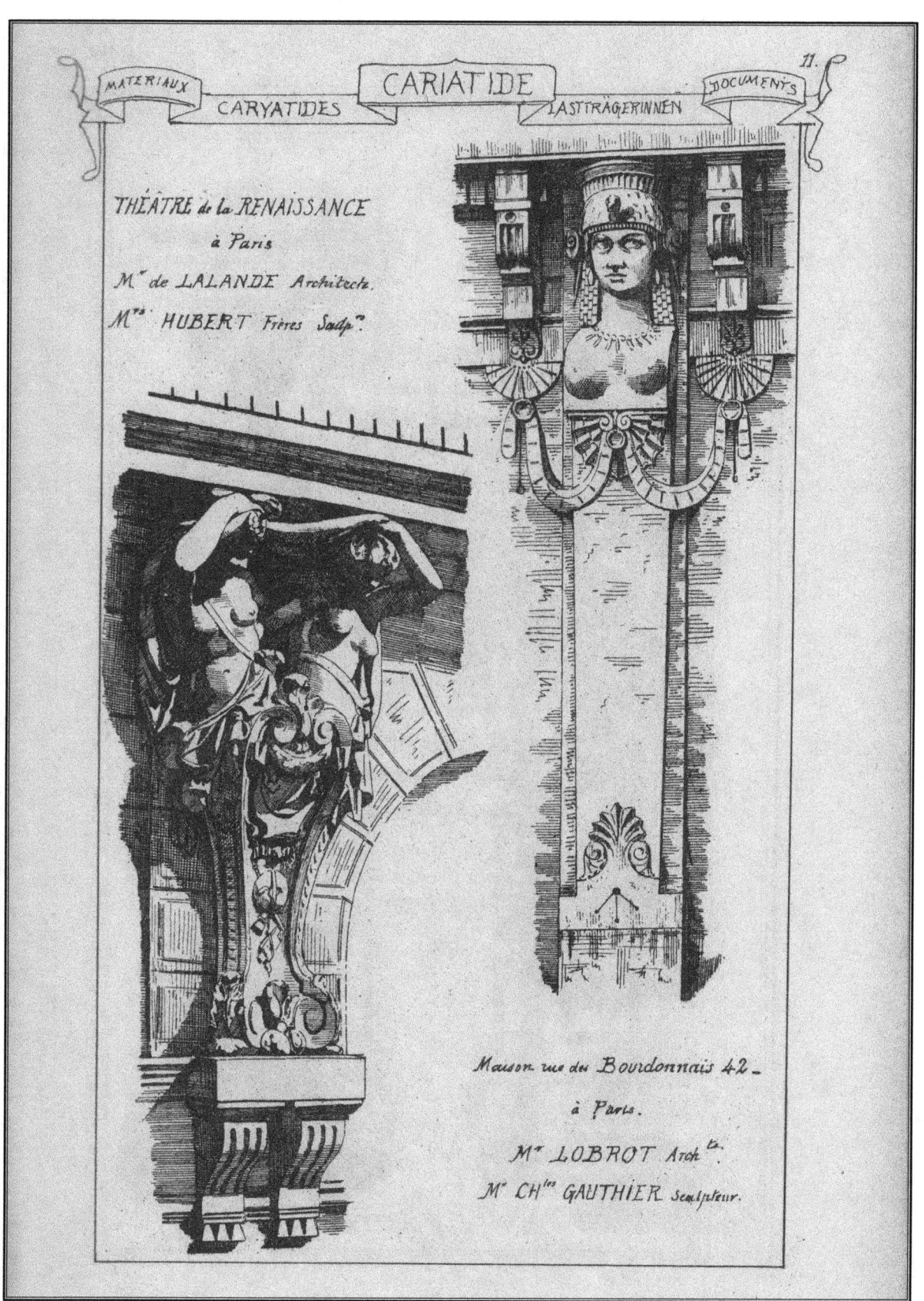

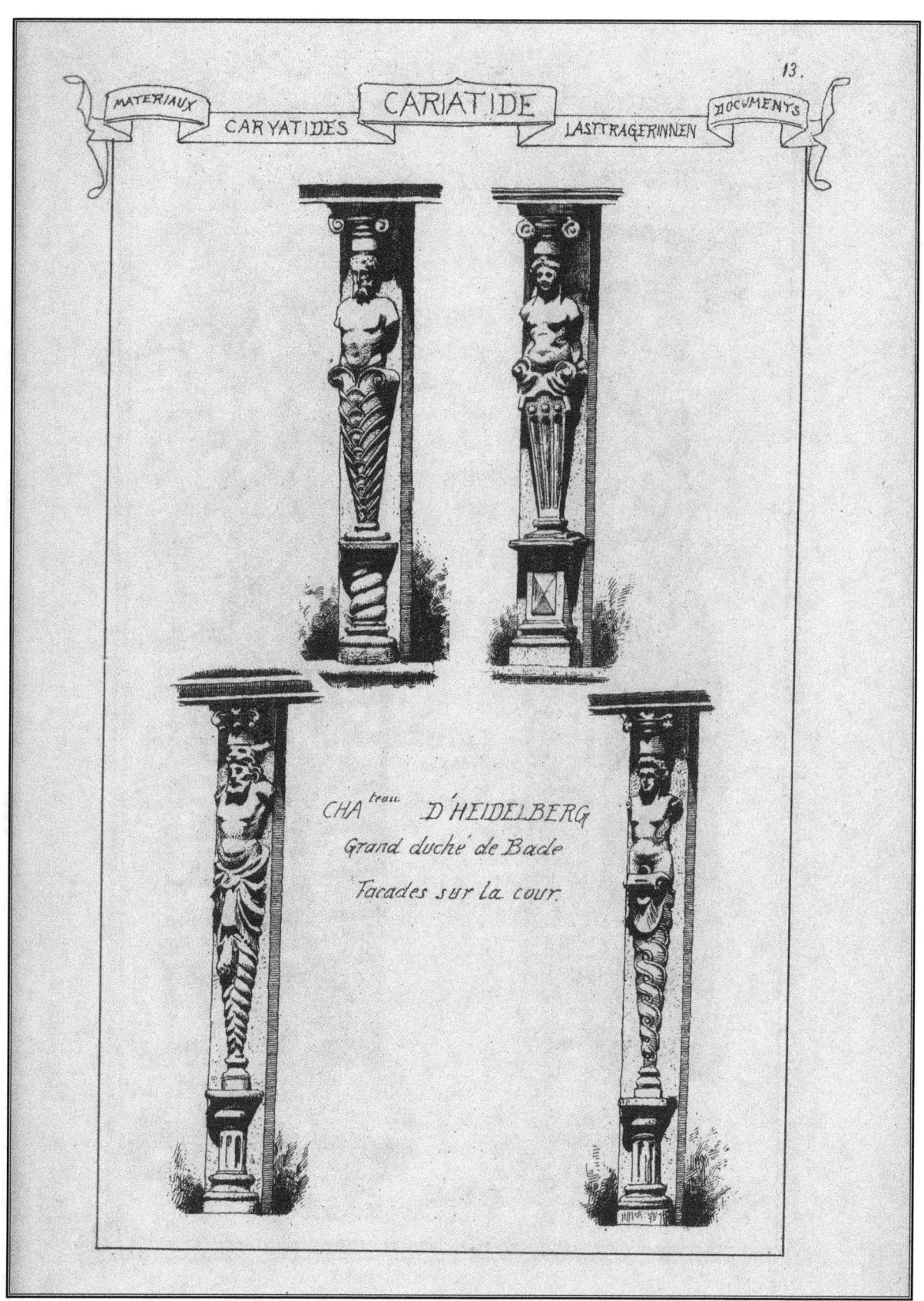

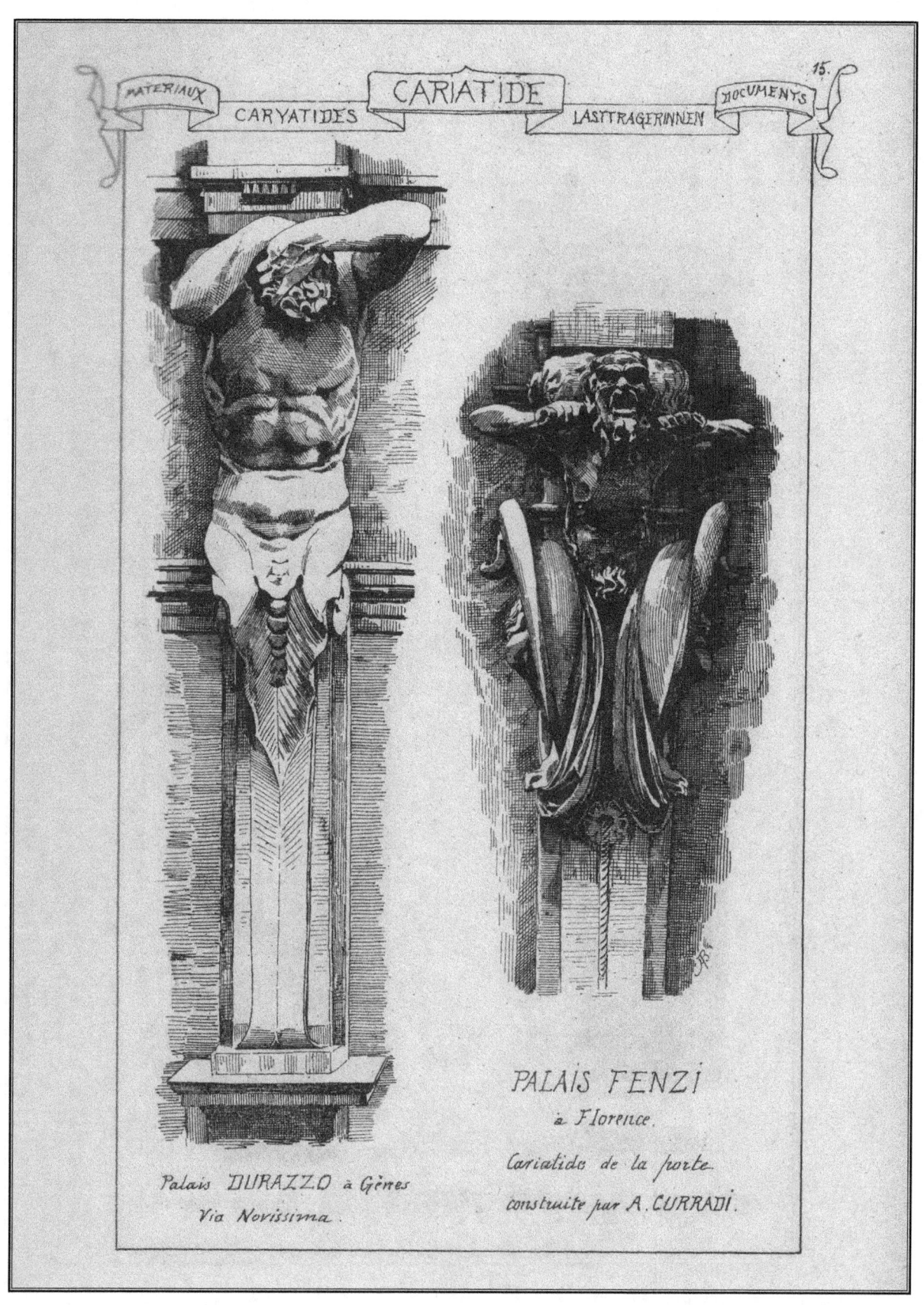

Palais DURAZZO à Gênes
Via Novissima.

PALAIS FENZI
à Florence.
Cariatide de la porte
construite par A. CURRADI.

HOTEL de LABORDE à TOULOUSE (Haute-Garonne)

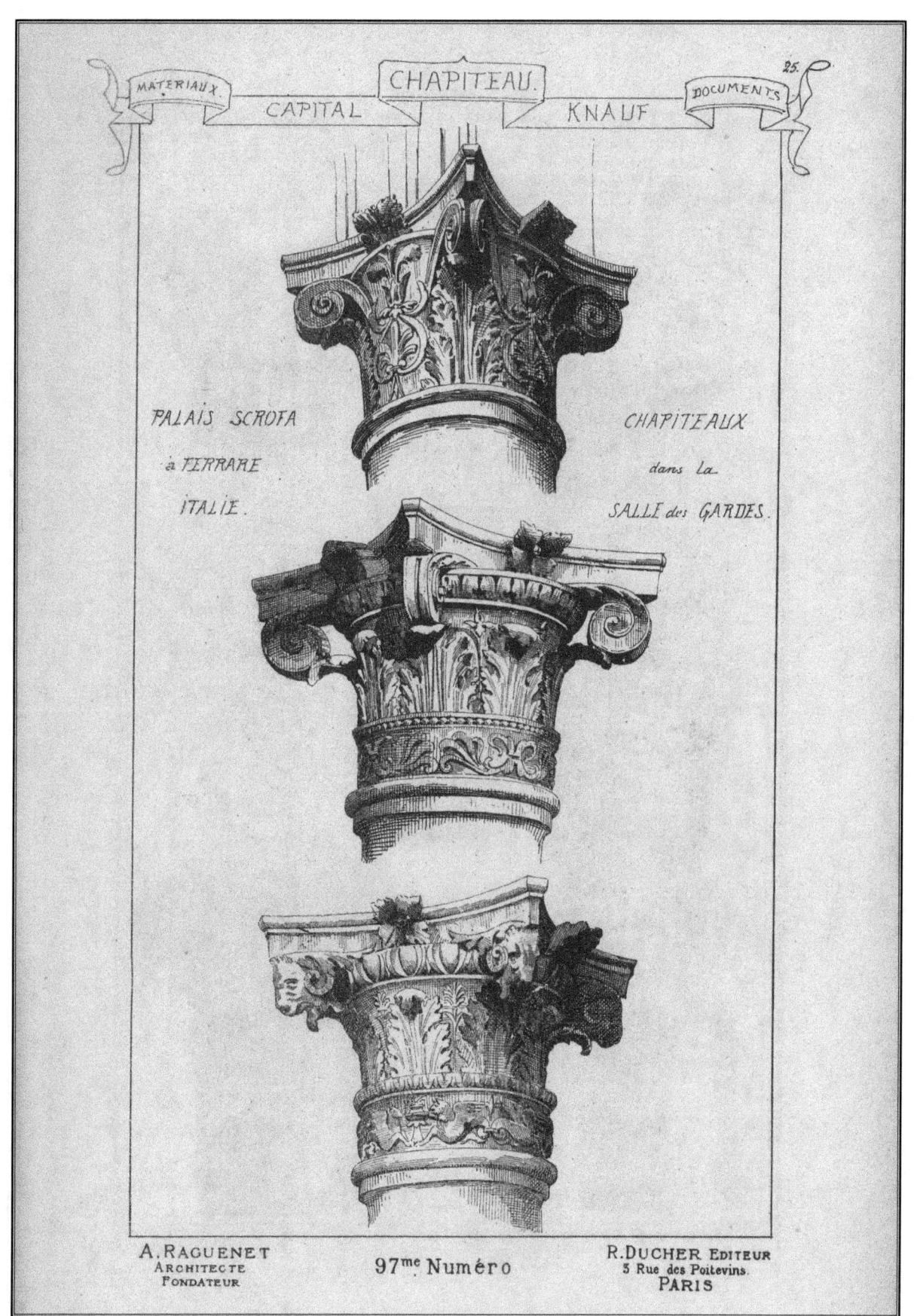

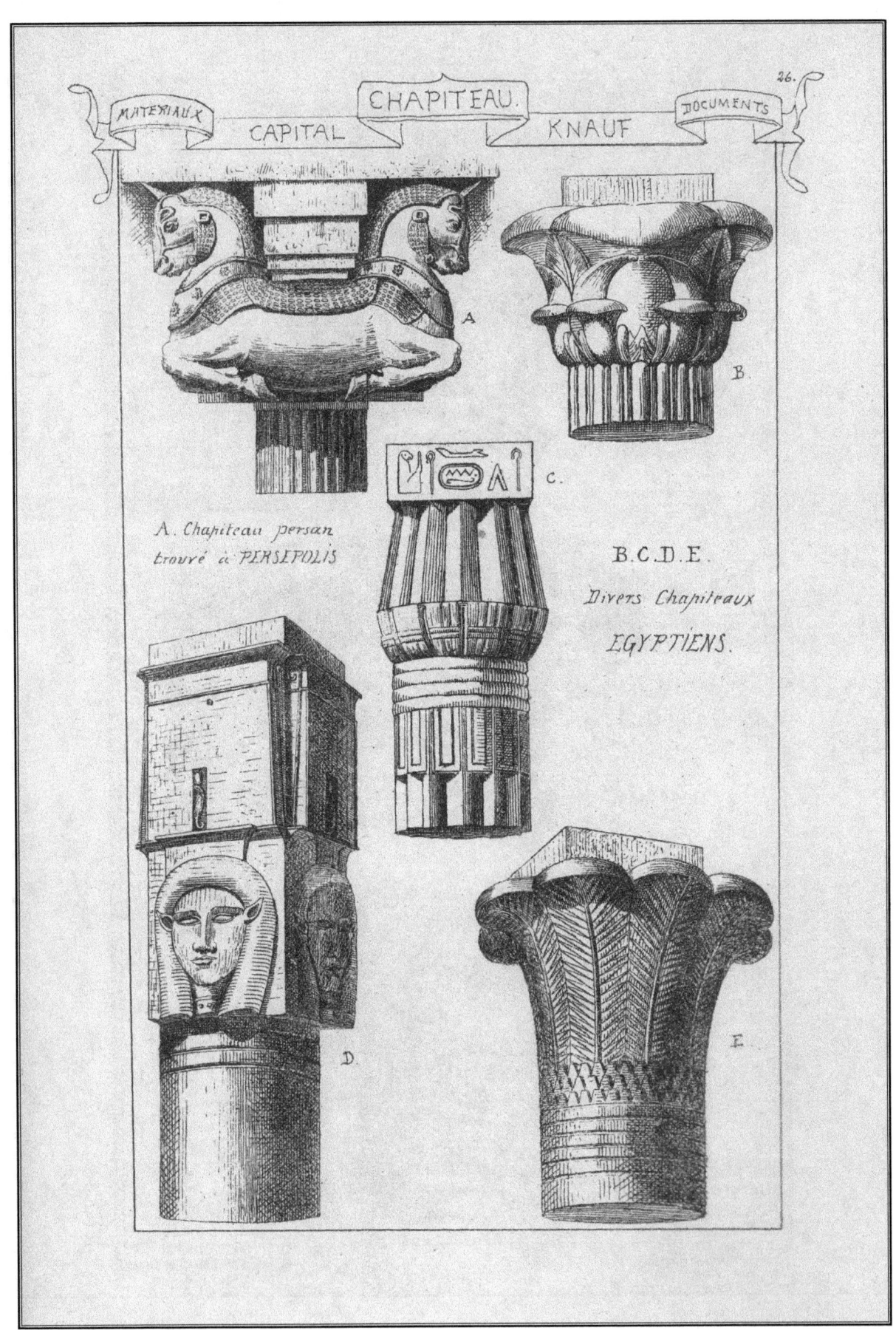

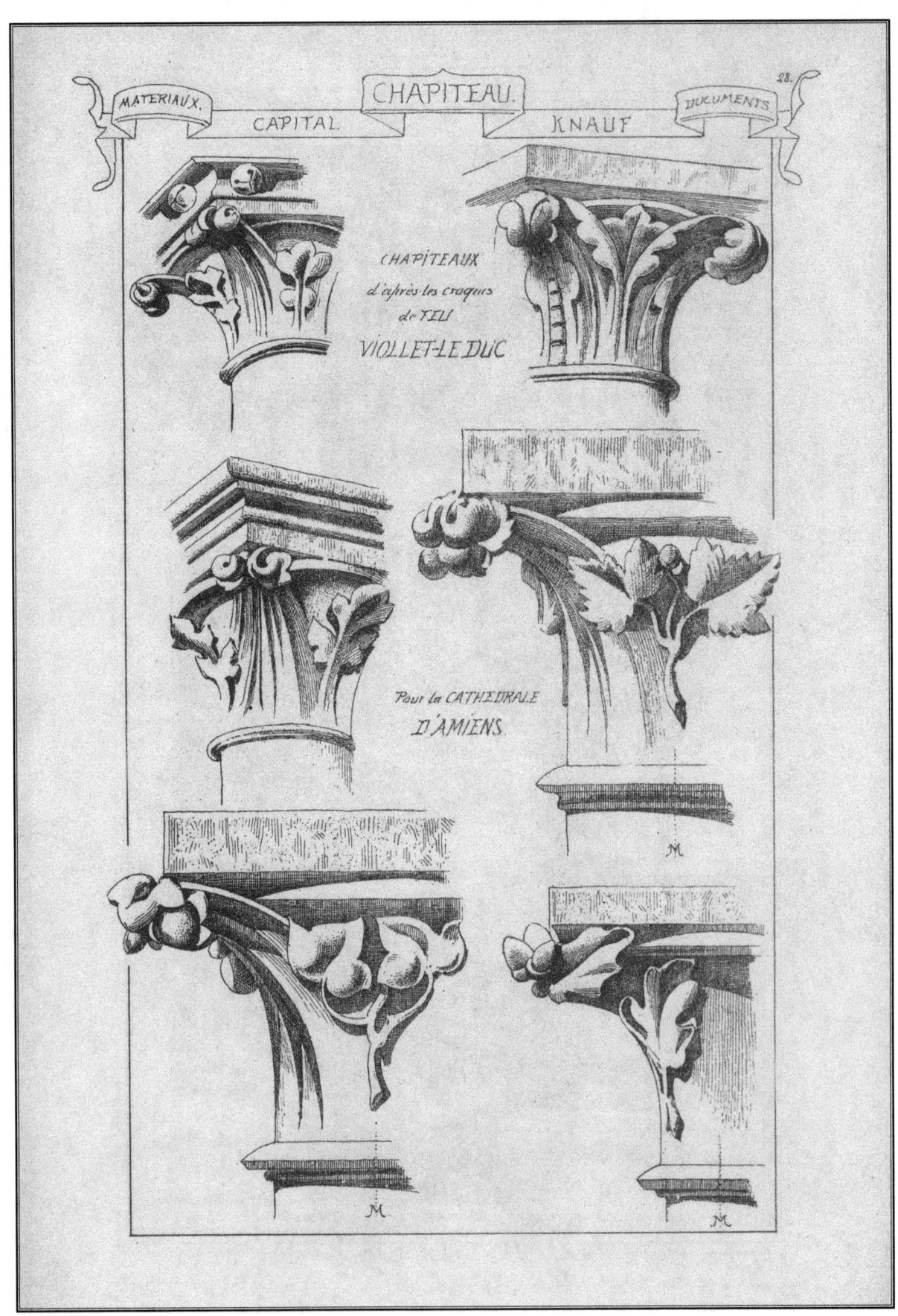

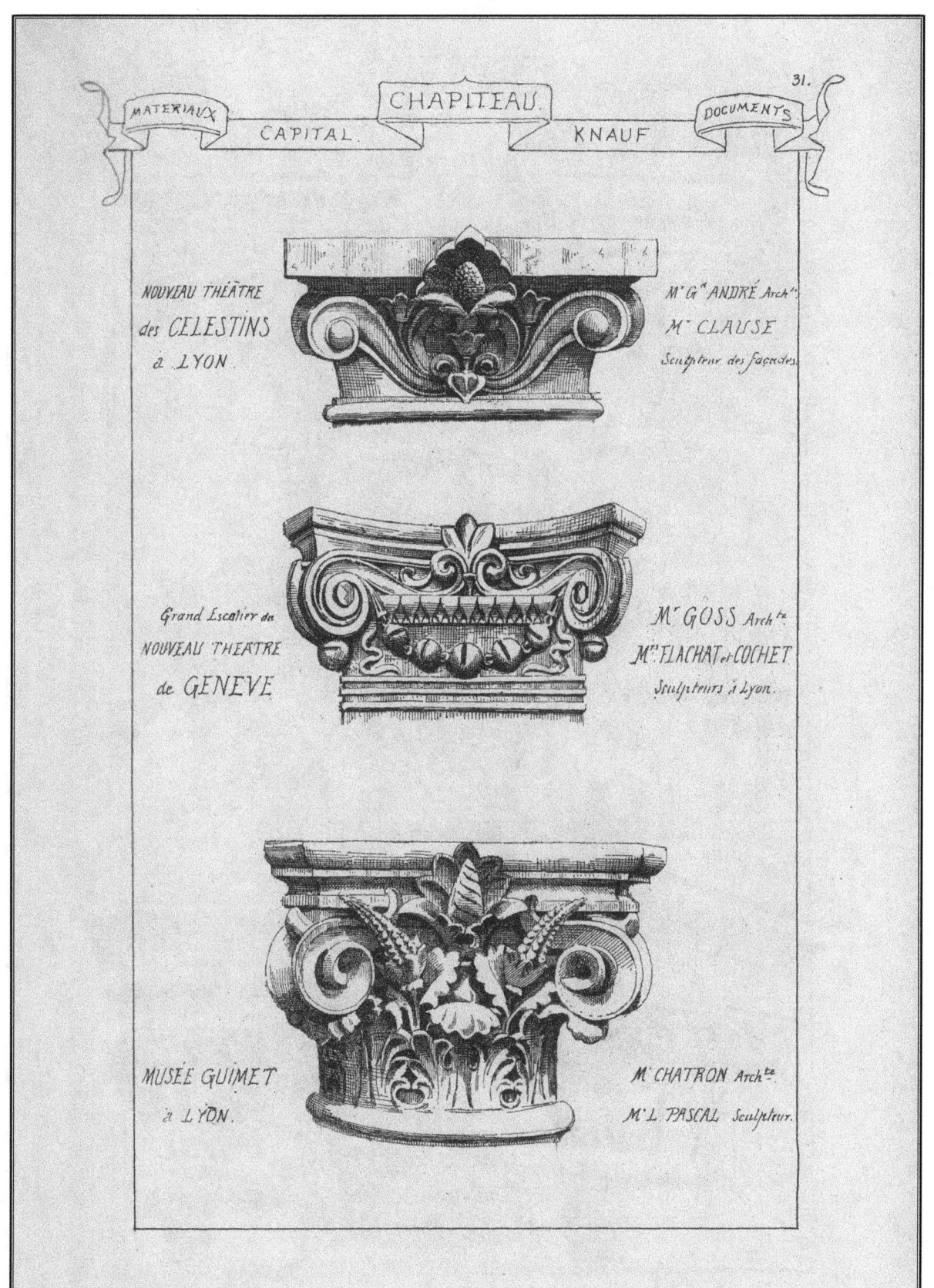

CHEMINÉE à CASHEL en Irlande

CHATEAU de KILCHURN près GLASGOW. ECOSSE

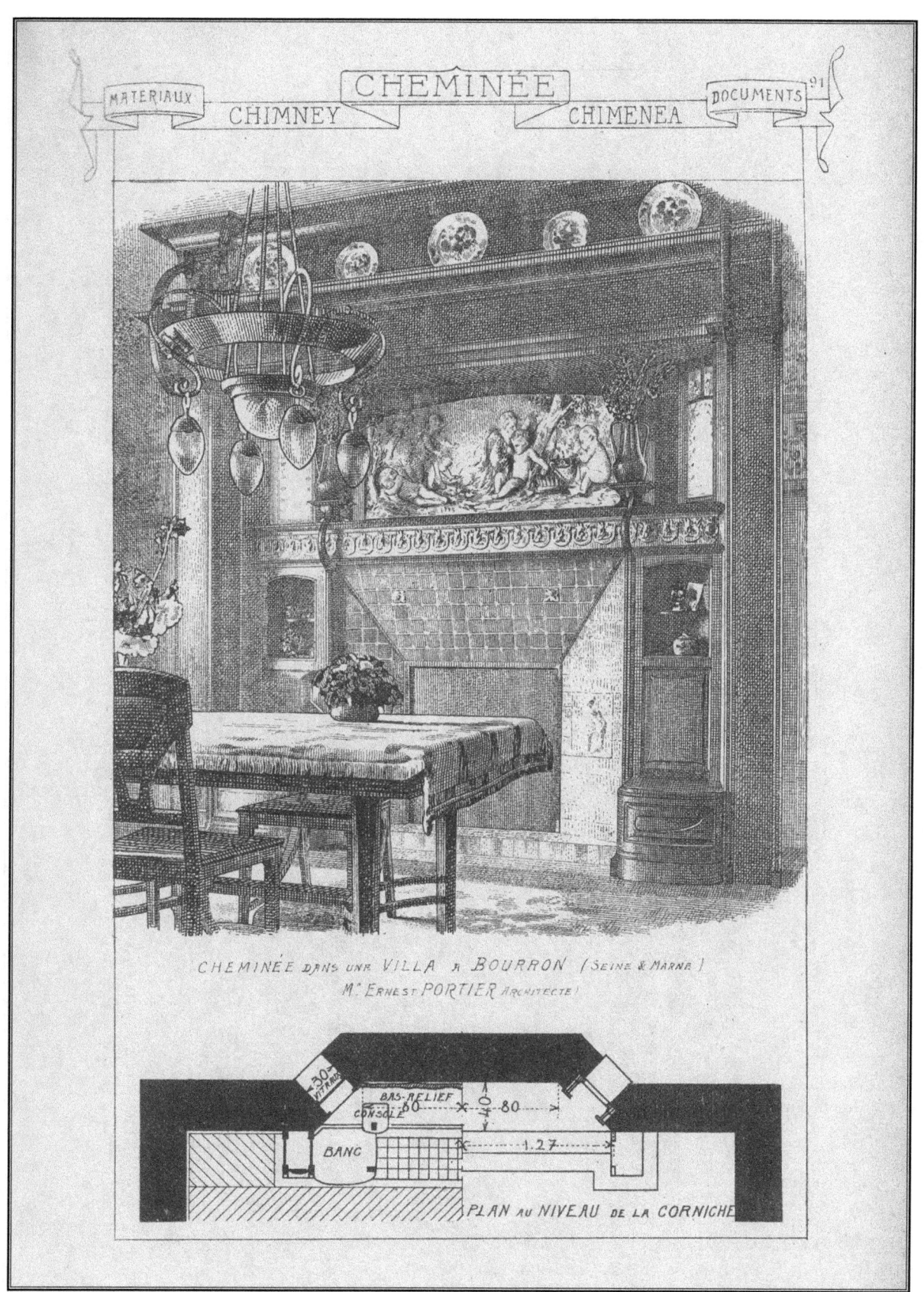

Cheminée dans une Villa à Bourron (Seine & Marne)
M. Ernest Portier, Architecte

Plan au niveau de la corniche

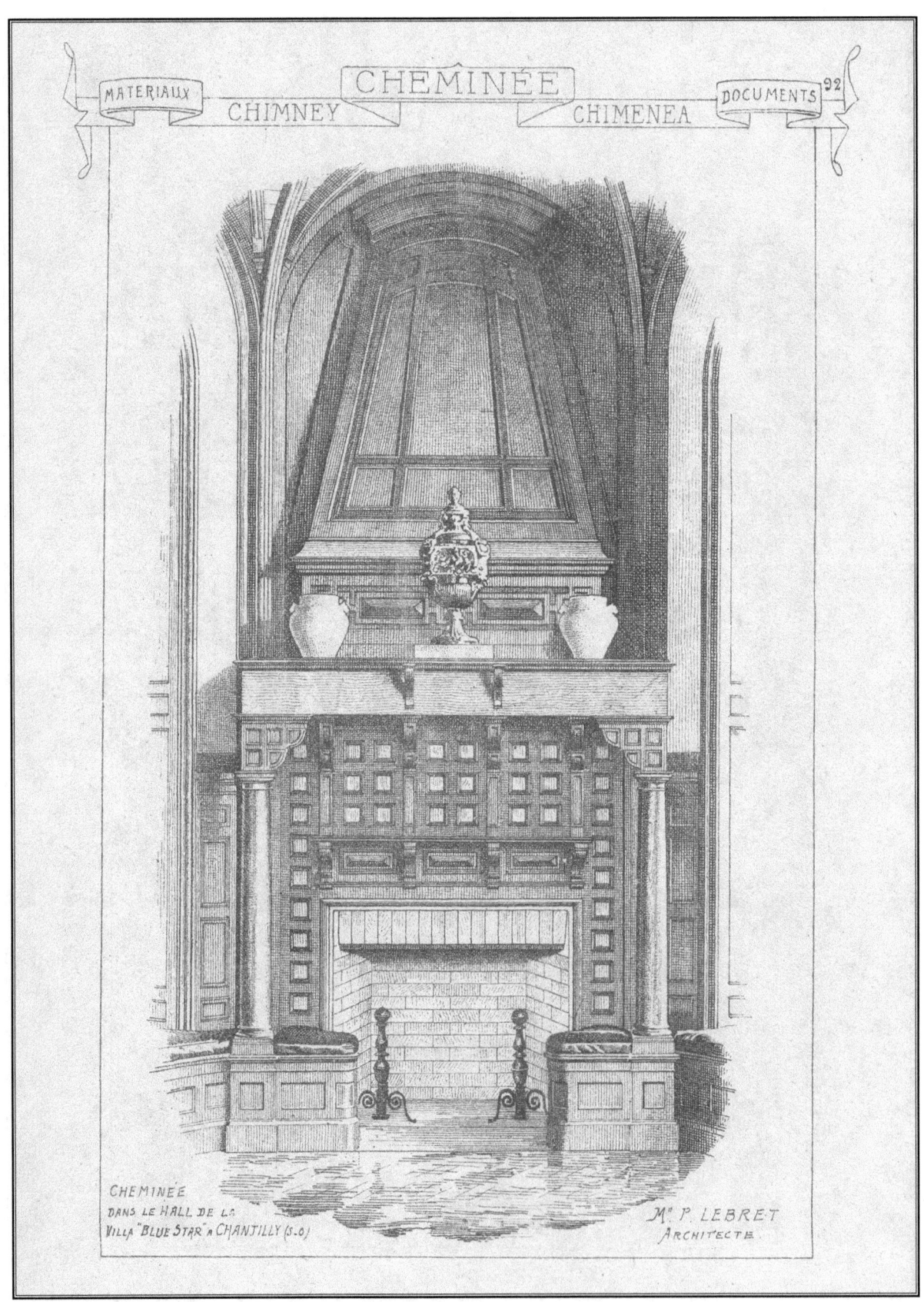

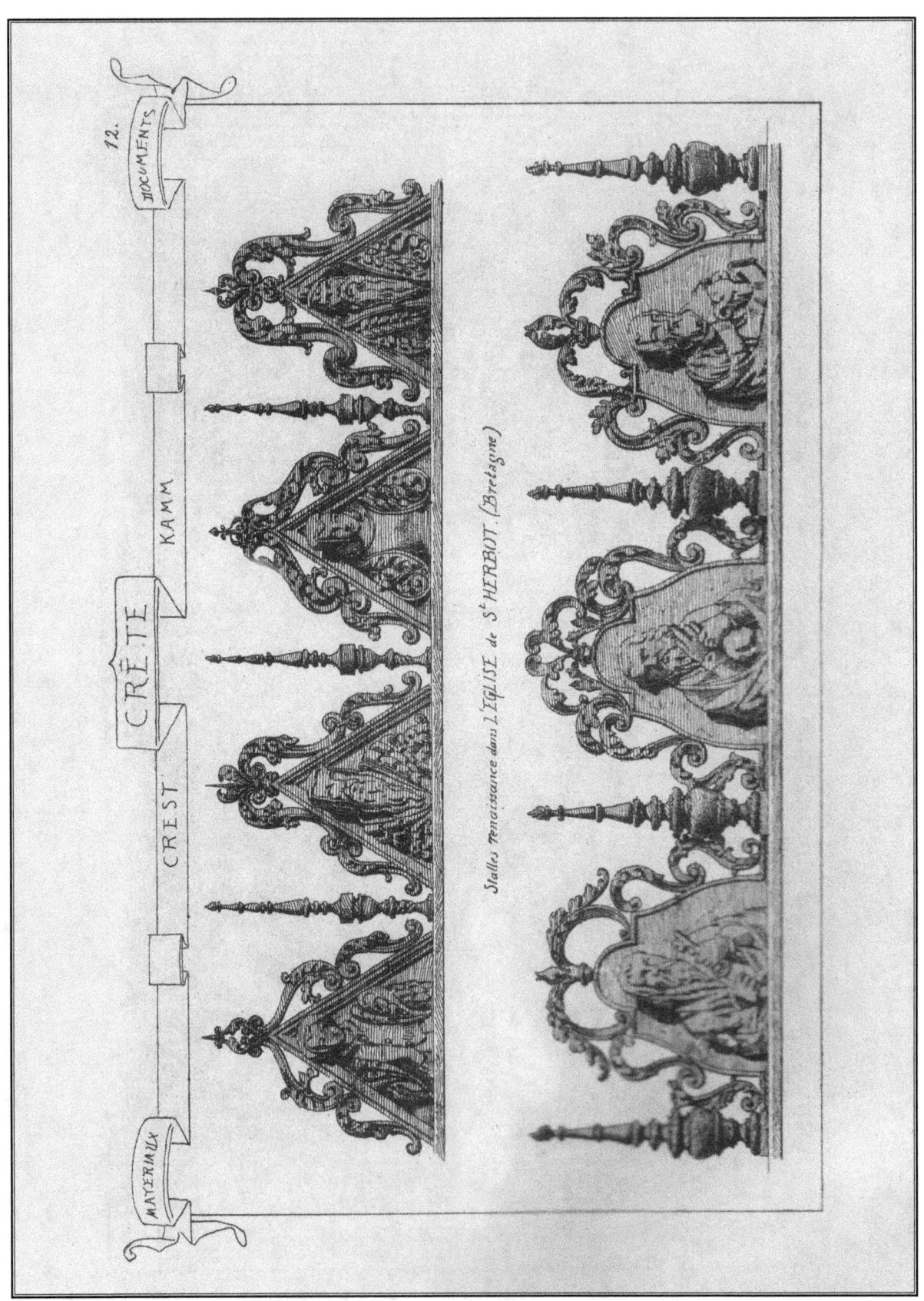

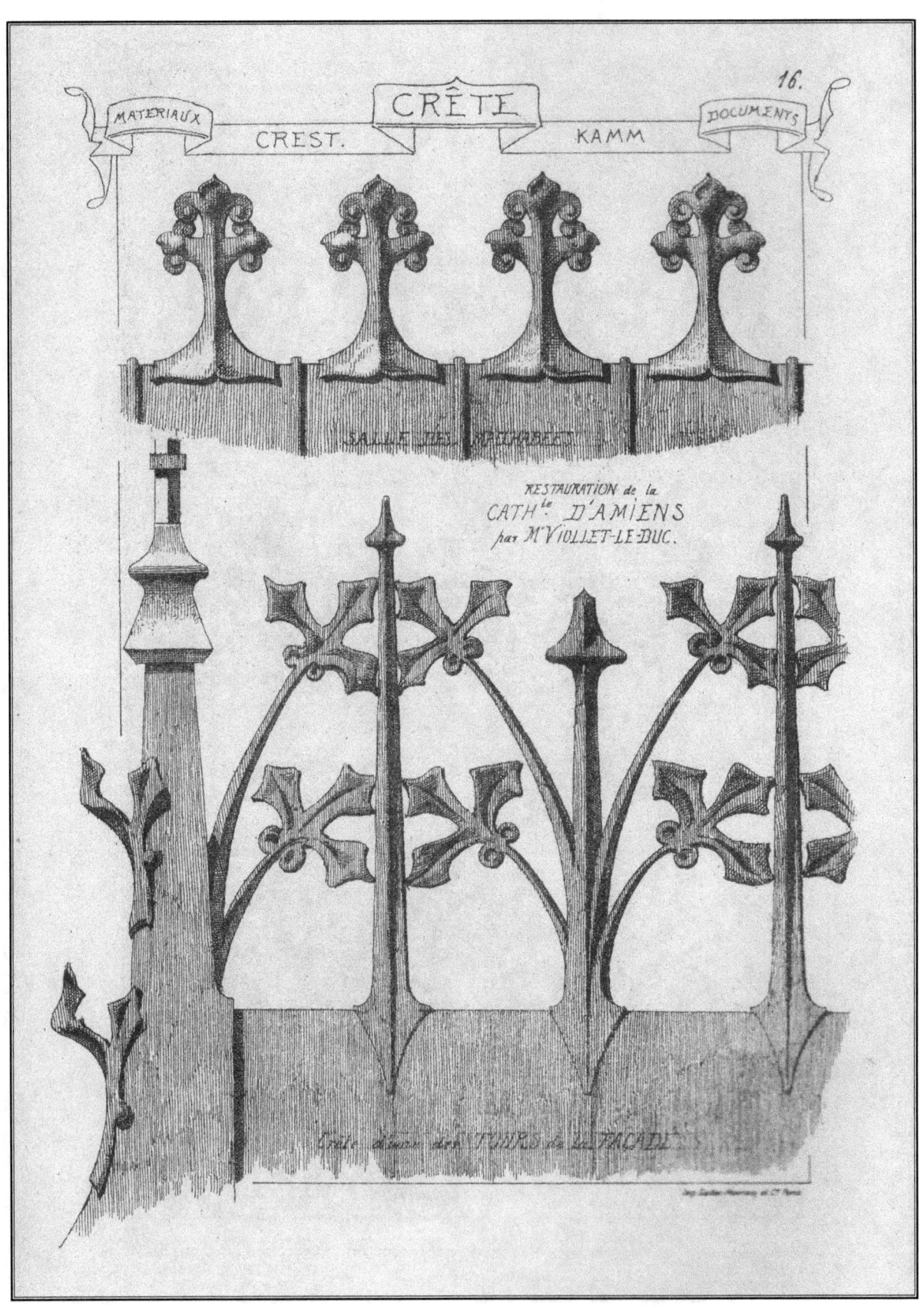

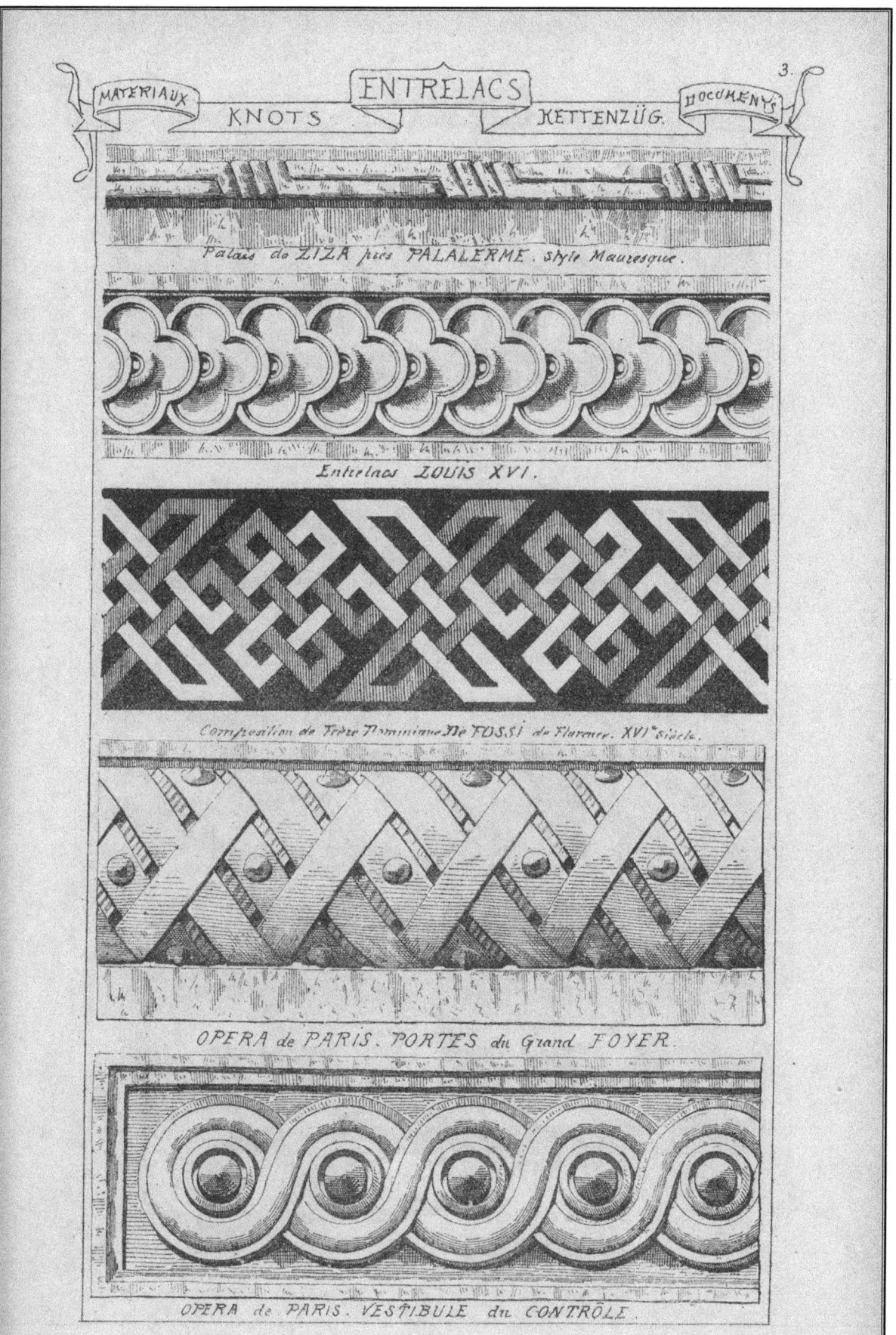

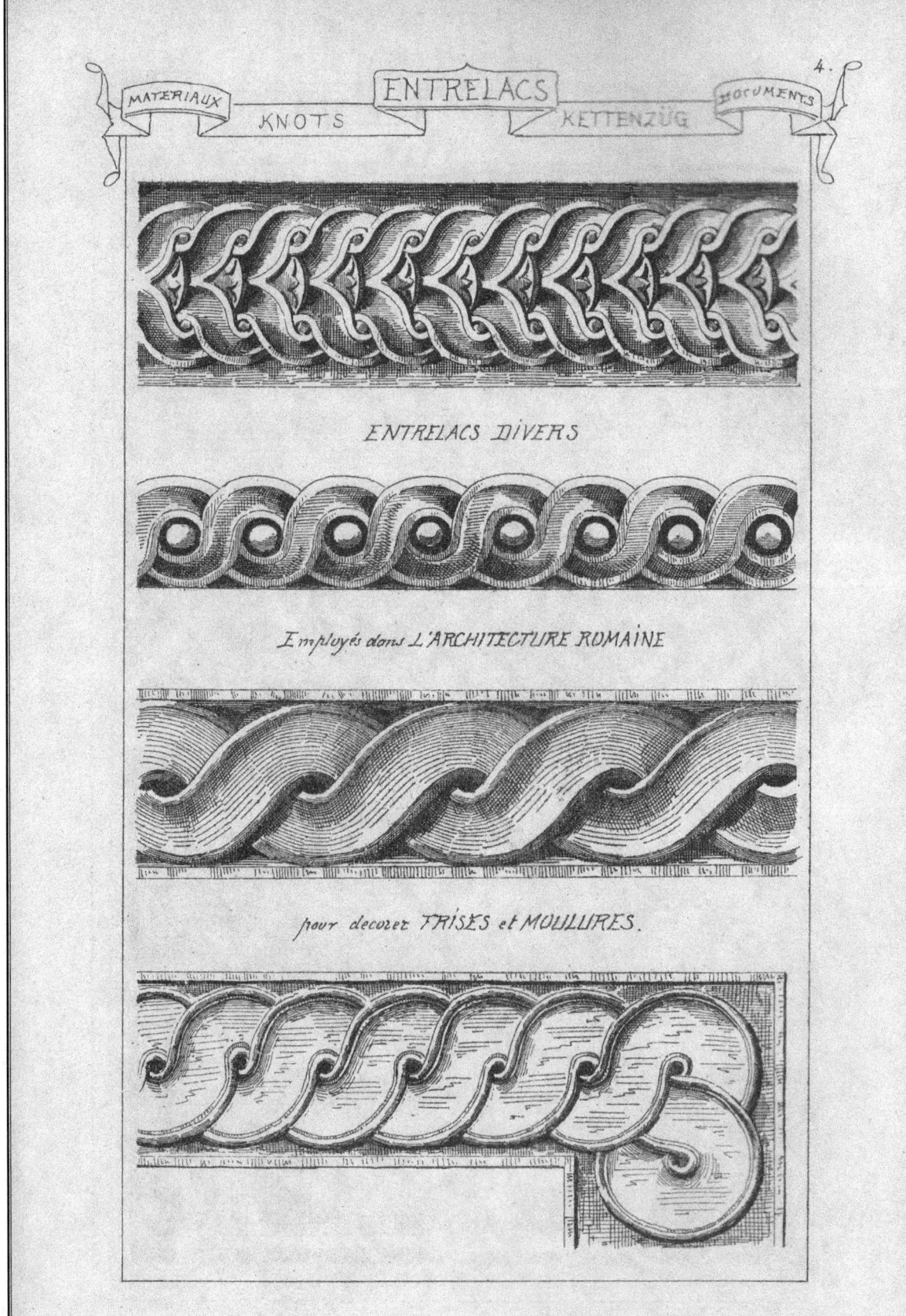

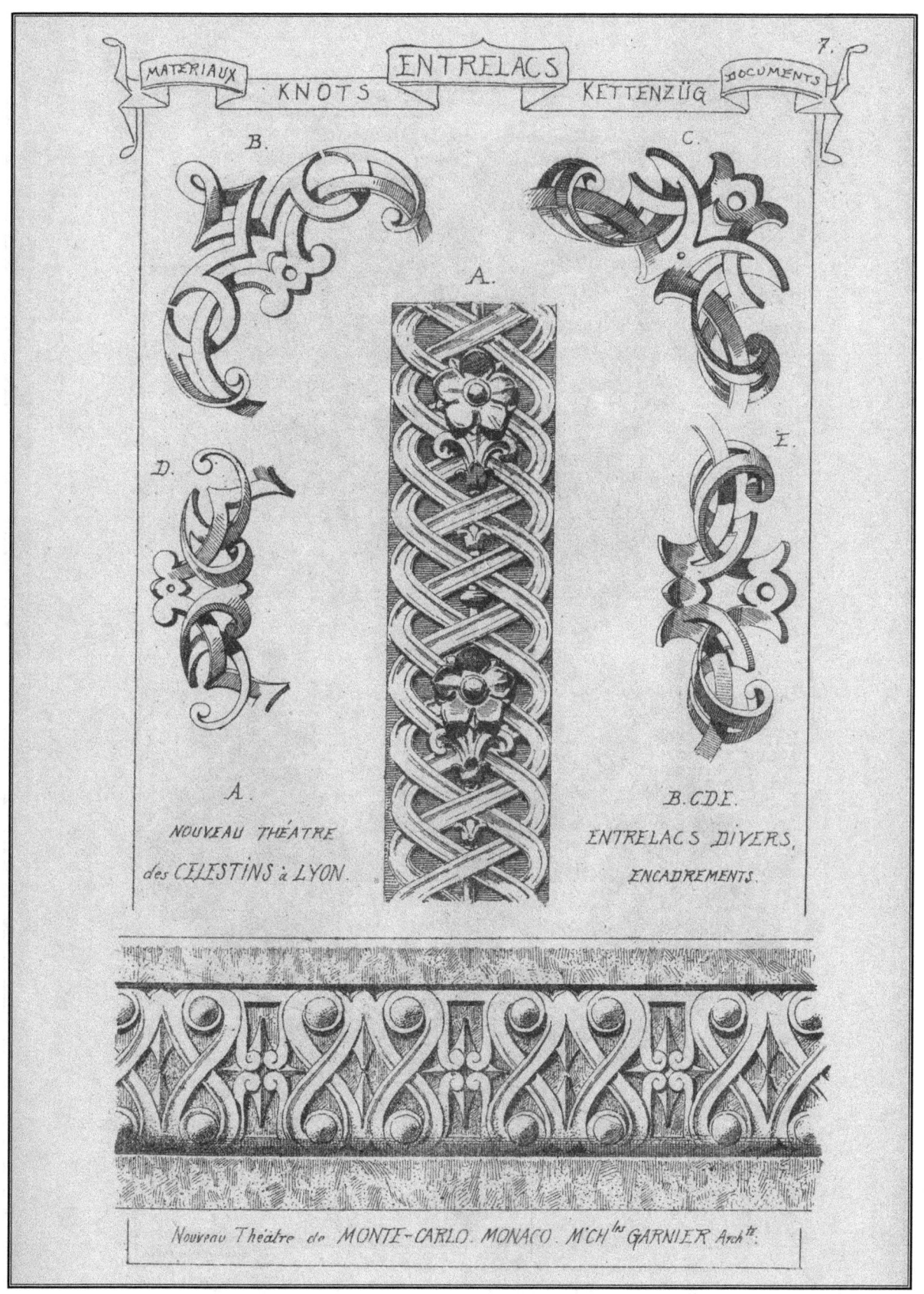

VERSAILLES. CHATEAU ESCALIER DES AMBASSADEURS
STYLE LOUIS XIV

DIJON (Côte d'Or) Escalier de la Tour de Bar. (Musée Archéologique) Style Louis XIII.

ESCALIER PAR DANIEL MAROT — STYLE LOUIS XIV

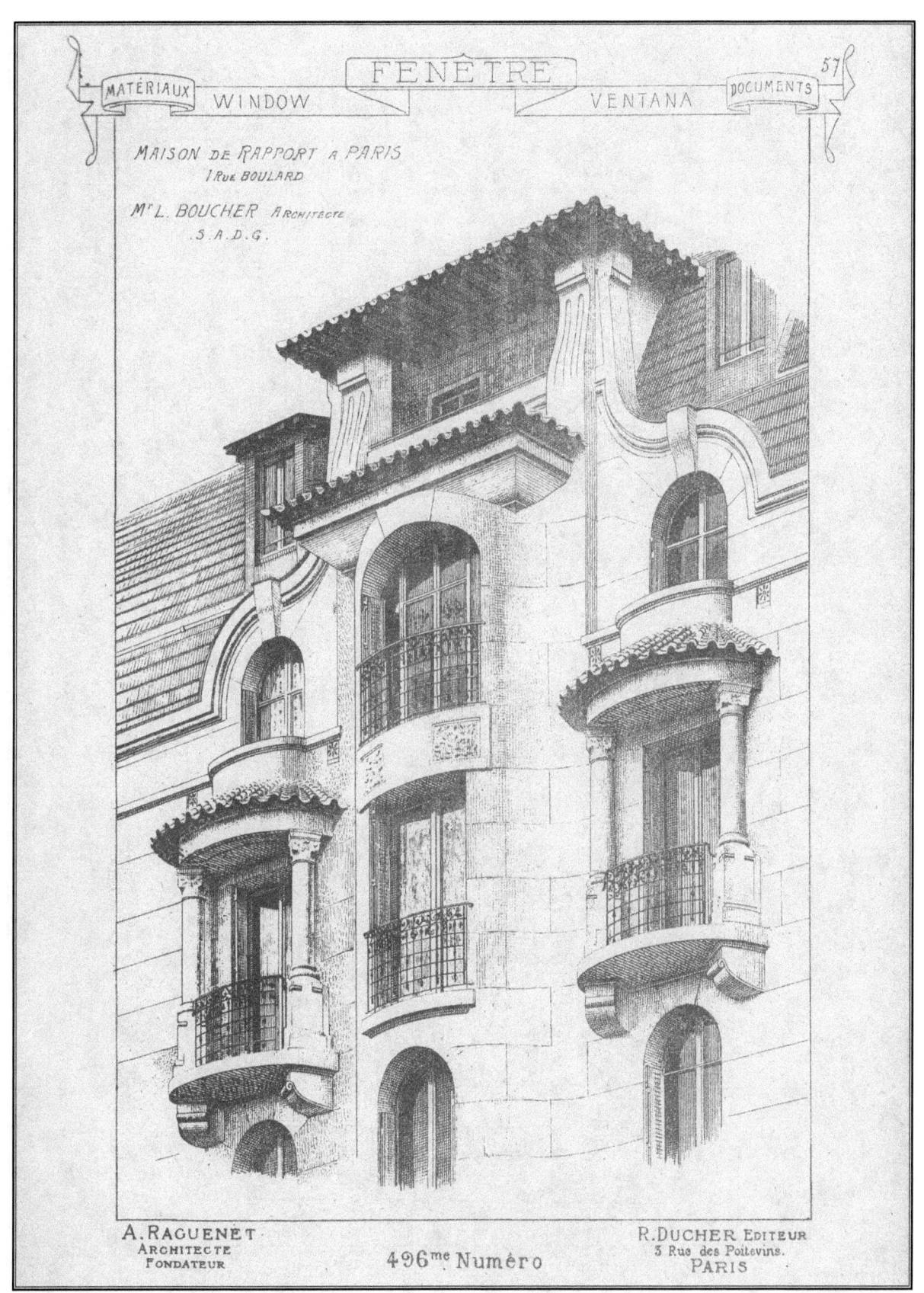

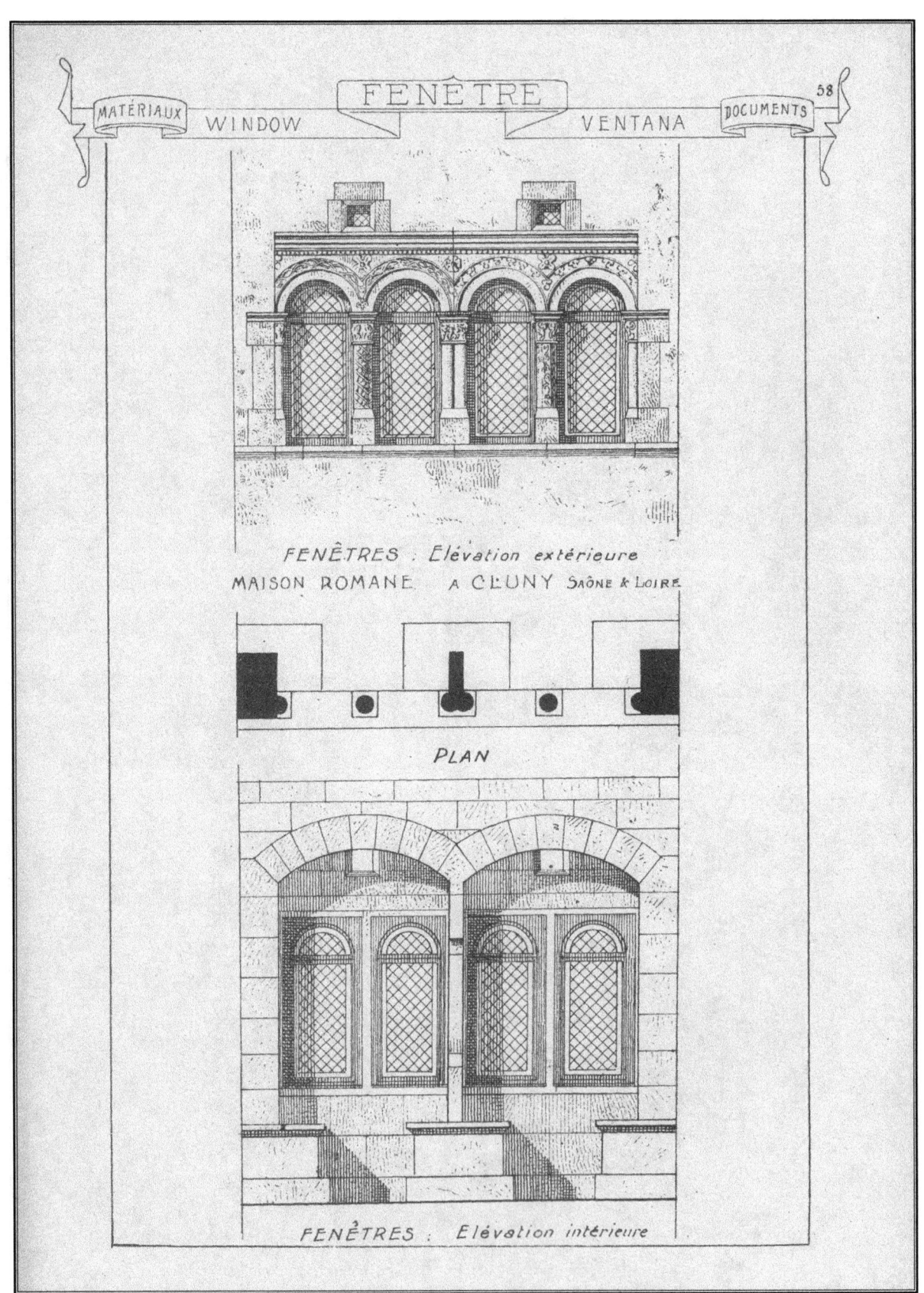

FONTS BAPTISMAUX — BAPTISMAL FONT — TAUF-STEIN

Cuve Baptismale dans l'Eglise de BESME.
CHAMPAGNE.

Chapelle de St JEAN-BAPTISTE à EMPOLI. Italie.

A. RAGUENET
ARCHITECTE
FONDATEUR

107 me Numéro

R. DUCHER Editeur
3 Rue des Poitevins.
PARIS

EGLISE de BROOKLANDS
a MANCHESTER, Angleterre.

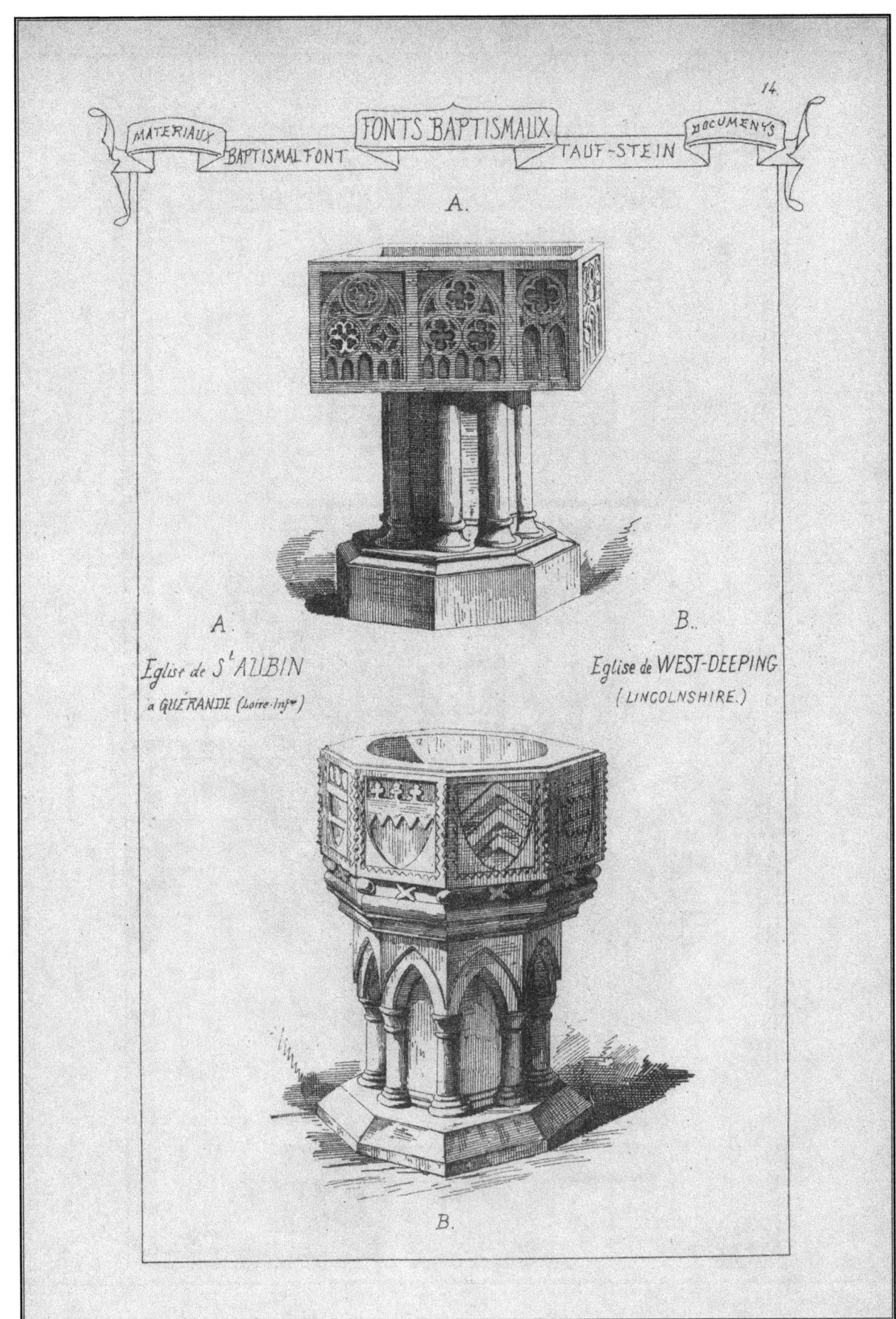

FONTS BAPTISMAUX
MATERIAUX — BAPTISMAL FONT — TAUF-STEIN — DOCUMENTS

CUVE BAPTISMALE dans l'Eglise de St AMBROISE à PARIS.

Exécutée par Mr JABOUIN Sculpt.r à Bordeaux
et achetée pour cette église
à l'exposition de 1867.